FENCE OF DEFENSE
HD Ⅲ X P

Amesian Books

最近、ようやく分かりかけて来た事があります。それは、人生にはそれぞれの色があるという事。ちょっと唐突な話かも知れませんが、子供の頃は大きなキャンバスはまだ白い余白だらけです。でも60才になろうかという頃には様々な色と形が隙間無く描かれ、奇妙で抽象的な、世界でひとつしかない絵になっているんです。しかしその絵をフォーカスしていくうちに、いろんな色の点と点が一本の線で繋がっているのが見えて来ます。それが見えた途端、色は消えて行くんです。"あっ、そういう事だったのか！"って。そして、最後は元の真っさらな白いキャンバスに戻って行くんでしょうね？

フェンス・オブ・ディフェンスとは？
所詮音楽は周波数のぶつかり合いでしか無いのですから、そのぶつかり方によって色が決まってくるわけです。周波数はいく通りにも変化していく絵の具のような物です。それは言葉では言い表されない何か衝動のようなもので突き動かされ、重なり合い、ひとつの大きなうねりとなり、一瞬にしてキャンバスを埋め尽くします。だから、今回のアルバム制作で再確認したことは、フェンス・オブ・ディフェンスのランダムな周波数のぶつかり合いは、世界のどこにも無いこの3人のメンバーしか出せない色なんだな？という事です。それは古いとか新しいとかの次元ではありません。周波数は時空を自由に飛び回ります。

今回のようなアニバーサリーで、再結成して懐古的に楽しむバンドもあります。それはそれでいいと思いますが、我々は違いました。常に進化し続けたいと今でも思っているんです。"もっとカッコイイ曲を作りたい"、"もっと伝えたいことがある"、"もっとオーディエンスに楽しんで貰うにはどうしたらいいのか？"ってね？転がり続け、進化して行く。それこそがプログレッシブ・ロックの真の意味なんじゃ無いでしょうか？
そして、デビュー当時に伝えたかったメッセージは30年後の今も変わりません。今でも世界は混沌とし、様々な問題を抱え、戦争の不安は続き、明るい未来を想像出来ないままでいるからです。だからこそ、愛し合おう！信じ合おう！もう一度！それが周波数のうねりとなって今回のアルバムの色となりました。
でも、いまひとつ鮮明になっていない色があります、、、それは多分、今回のライブでオーディエンスの皆さんと周波数が重なって、初めて見えて来るんでしょうね？

このアルバムとフォトブックの制作にあたって、様々な方の多大なるご協力を頂きました。皆さんのご協力無しにはこのアルバムは存在しなかったでしょう。メンバー一同、心から感謝しています。そして、このアルバム、フォトブックを買ってくれた皆さん、本当にありがとう！皆さんがいなければフェンス・オブ・ディフェンスは自然消滅していたかも知れません、、、（笑）そして最後に、ファンの方々も関係者もメンバーもみんな、音楽から繋がっていた仲間です。まさに音の点と線で繋がっています。その仲間とこれからもずっと繋がっていけたら、と思っています。
Thank you so much!

西村 麻聡
Masatoshi Nishimura

我々、同い年の干支なので拘ったのでしょうか、、、
３６歳の戌年ではロンドンレコーディングで初めて HOTDOGS の アルバムを制作、
４８歳は沖縄レコーディングで HOTDOGS２を制作、
今回はロスアンゼルスで還暦の年に制作にと。
おそらくこのシリーズではこれが最後になると思います。
内心は次できたらいいなと思いますがね、、、笑
なぜ干支に拘ったかどうかは分かりませんが、きっと同じ時代に育ち、同じ時代の音楽を聴き、同じ時代のテレビを観て共感し、このバンドで何ができるんだろうとずっと模索し続けてきたんでしょうかね。そんな不思議な連帯感のあるバンドだと思います。

ロスアンゼルスはまっとしが住んでいなければ特に行きたいとは思っていませんでした。
何十年振りに来ましたが、やはり空気はドライで気持ちいいし気候は素晴らしいです。
ロケ地の砂漠はアメリカの広大さを目の当たりにし、普段東京でちまちま仕事してる自分が小さく虚しくさえ感じました。

メンバーにも久しぶりに会え、食事し、仕事し、お喋りしそれぞれの生活ぶりが分かりました。歳を重ねそれなりに変化してますが、全く昔と変わらない一面が確認できて僕としてはうれしかった。。。

今回のアルバムですがまっとしが３年近くロスアンゼルスに渡り滞在することによって滲み出てきた楽曲だと思います。
また、ちょうど今年はデビュー３０周年中ということもあり勢い含めここまできました。
さて、これからどう進むのか進まないのか、分からないのが FENCE OF DEFENSE です。
今回のアルバムは個人的にも、とても納得し満足しております。
大勢のオーディエンスのみなさんに聴いて頂き、大きな賛同を得られればまた制作したいなと思ってます。

山田 わたる
Wataru Yamada

早いものでもう 30 年。でもデビューした時のこと、やっぱり昨日のようではないよね。
世の中の様子も違うし。携帯電話なんて誰も持ってなかった。

でもやっぱりぼくらがまた出会って、共に音を出せばそんな"時の遠さ"なんか無かったかのように音を紡ぎ出せる。そんなことを再確認した LA レコーディングでした。三人で一緒に演奏するのが 3 年半振りっていうことになるのかな。楽器を合奏してるというよりは、ただ呼吸を合わせているような場でしたね。

それに対して撮影の方は、アメリカの大自然がすごいのとぼくらの珍道中感が楽しくて、ちょっとアメリカに遊びに来たヤツら、というかんじでした。楽しかったよ！
TIME の時がニューヨークだったから、写真集はアメリカで、が FOD の流儀ですか？ならば次はテキサス辺りで牛食べながら写真を撮りますか！

今年はわれわれも還暦を迎えます。この先も古希といわず綺麗に白寿！ までいっちゃいましょう。
ぼくは本気です。

本当にみんなありがとう。

Freaks のみんなも、ファンというよりは、同じ時代を生きてきた仲間だよね。
これからもぼくらは自分たちの"命の火"を燃やしながら音を灯し続けていくので、ともに光を感じてください。みんなと Fence Of Defense に幸あれ。

北島 健二
Kenji Kitajima

FENCE OF DEFENSE
H D III X P

H D III X Photo book

Published by
AMESIAN BOOKS
2535 W. 237th St., Unit 106
Torrance, CA 90505
amesianbooks.com

Copyright © 2018 by AMESIAN BOOKS

All rights reserved.

AMESIAN BOOKS is a division of Wanann, Inc.
No part of this publication may be reproduced, stored, or transmitted in any form or by any means, electronic,
mechanical, photocopied, recorded or otherwise, without prior written consent from the publisher.
Notice of Disclaimer: The information contained in this book is based on the author's experience and options.
The author and publisher will not be held liable for the use or misuse of the information in this book.

Art direction : Kyoichi Ichimura / WANANN, Inc.
Graphic design, DTP, Editing : Megumi Tamura / WANANN, Inc.
Photographs : Hiro Edward Sato
Cover, p3-6, p10-15, p26-27, p28 (top, bottom left), p36
Photographs : Ichi
p7-9, p16-25, p28 (bottom right), p30-32

ISBN 978-1-945352-01-0 (PB)
ISBN 978-1-945352-02-7 (EB)

First Edition, 2018

For information on all AMESIAN BOOKS publications visit our website at amesianbooks.com

Islander Music International

WANANN, Inc.

www.ingramcontent.com/pod-product-compliance
Lightning Source LLC
Chambersburg PA
CBRC090904080526
44588CB00006B/81